宇宙で唯一の自分を大切にする方法

山川亜希子

角川文庫
19758

プロローグ　「自分なんて」と思わないで

あなたはこの世界にたった一人しかいない、かけがえのない存在です。

この世界で、余計《よけい》な人は一人もいません。誰もが、それぞれに自分の、自分にしかできない生き方をするために、ここにいるのです。

それさえわかれば、いまあなたが何をしていようと、いましていることがあなたにとって、とても大切であることがわかるでしょう。

それはいま、あなたにしかできない、あなたしか体験できない、とても貴重な体験であり、出来事だからです。

それはもしかして、あなたにとって苦しいことかもしれません。

自分ではこんなことは嫌だ、と思っていることかもしれません。なんで私はこんなことをしなければならないのだろうか、と感じているかもしれません。

でも、そんな自分にとって、よくない、ありがたくないという体験ですら、実はあなたにしかできない、あなたにしか体験できない、とても大切な、この宇宙でただ一つしかない体験なのです。

よく、ポジティブな体験、ネガティブな体験があって、私たちはネガティブな体験はなるべくしないようにすべきだ、と言う人がいます。でも、そんなことはありません。体験はどれも同じです。同じように大切です。それは、私たちが何かを学ぶためのものだからです。

そして、私たちはポジティブな体験からも、ネガティブな体験からも、共に学ぶことができます。

実はポジティブもネガティブもありません。体験があるだけです。

それをポジティブにするか、ネガティブにするかは、ひとえにあなたの反応の仕方であり、あなたがそこから何を学ぶか、何を感じとるか、何と通じ合えるか、によるのです。

あなたは大切な存在です。

あなたの一つひとつの体験や行動も、同じようにとても大切です。

宇宙にただ一つしかない行動です。

同じようなことをする人はいるじゃないの、と言うかもしれません。

でも、それは同じようなもの、であって、同じものではありません。

あなたがいまやっていることは、あなただけの、それもいまだけの、宇宙にただ一つの、この広大な宇宙で無限の時間のなかで、ただ一つの体験なのです。

それを感じてください。

それを味わってください。

そして、いま、あなたがやっていること、体験していること、味わっていることは、宇宙にたった一つの大切なことなのだと知って、そこに集中してみましょう。

目次

第2章
生きる価値を見いだすために

第3章
「だめな自分」を秘密にしなくていい

第4章 自分の好きなことを、好きなとおりに

第5章 自分らしく生きるということ

第1章

Chapter 1

がんばっても、がんばっても
満たされないとき

——がんばるのは、何のためですか?

他人からの評価で生きていた頃

私は三〇代の頃、三つの会社で働きました。三〇歳になって初めて就職したので、最初からなんとか会社の迷惑にならないように、願わくば、この人は役に立つと思われたい、と思っていました。そして、実によく働いたと思います。

最初の会社では、「プロフェッショナルサポートスタッフ」という舌を嚙《か》みそうな長い名前の立場にいました。要するに、専門的な補助社員、とでも言えばよいのでしょうか。

仕事はデータを集めたり、まとめたり、ときには英語と日本語を翻訳したり通訳したりというものでした。まあ、大した仕事ではなかったのですが、「プロフェッショナルだから残業代はつきません」と言われました。なのに、私は仕事があると、毎日残業しました。休日出勤もすれば、仕事を家に持ちかえりもしました。

そうすると仕事はどんどんこなせて、上司からは便利なスタッフだ、と褒《ほ》められるようになりました。

すると、もっと褒められたくなって、休憩もとらずに仕事したり、残業ももっとするようになりました。

また褒められて、また嬉しくて馬車馬《ばしやうま》のように働いて——。気がつくと疲れすぎていろいろ、うまくいかなくなってきました。仕事も人間関係も、なんだかかみ合わなくなってしまったのです。

それでこんどは、「人に嫌われては大変、評価が下がっては大変」という思いから、もっとがんばるようになりました。

でも、歯車はますますかみ合わなくなって、ついに、どうしようもなくなりました。

あんなにがんばったのに。

あんなに一生懸命、会社のために働いたのに。

結局、逃げるようにその会社を辞めました。

自分の能力が否定されたようで、いや、自分の能力に疑問をもってしまって、私はメタメタになりました。

すっかり自分に自信を失いました。

自分なんて、何もできないつまらない人間なんだ、と思いました。

「この人はできる」と思われたい？

でも、名誉挽回《めいよばんかい》のチャンスがまた、巡ってきました。

新しい会社に就職できたのです。ここでも、もう三〇代も後半なのだから、会社の迷惑にならないように、できれば、この人は役に立つ、なかなかできるじゃないか、と言われるように、一生懸命がんばることにしました。

この会社では、前よりももっと働きました。こんどは幸い残業手当も出たのですが、月に一〇〇時間以上、残業することもありました。休日出勤もすれば、仕事を家に持ちかえるのもいつものこと、という状態でした。

そして、この人はできる、という評判を見事、勝ち取りました。仕事はどんどん来ました。私は楽しくて、自分が認められて嬉しくて、ニコニコして、来る仕事を全部、引き受けました。

部下の女性は大変だったでしょう。でも、そんなことも考えられませんでした。**自分ががんばっているのだから、部下もがんばって当然、と思っていたというか、人のことなど、これぽっちも考えられなかったのだと思います。**

もっとも、当時の自分は、結構よい上司だと思っていました。いまになって、やっとわかることとってあるのですね。

この会社は無事に、二年半たったときに夫のアメリカ転勤に伴って、退社しました。人間関係も最後までよかったし、仕事もずっと順調だったし、まるで青春時代がまた訪れたかのように、楽しく陽気な年月でした。

でも、あと六ヶ月そこにいたら、どうなっていたかわかりません。私のがんばりについていけずに、部下が反乱を起こしたかもしれません。働きすぎて、私が体を壊したかもしれません。

もしくは、燃えつきて、仕事もうまくいかなくなったかもしれません。

私の三〇代は、がんばりの三〇代でした。どうしてあんなにがんばっていたのかなあ。いまはわかっています。がんばるだけがんばって、自分は価値がある、ということを、人に認めてもらって、確認したかったのです。

そして、その底にあったのは、

「私は価値がない人間だ」

「私は本当は生きていてはいけない、邪魔《じゃま》な人間だ」

という思いでした。

がんばっても、がんばっても

自分の価値を自分で認めるためには、何かの成果を上げることが必要でした。そして、他の人から高く評価されることが不可欠でした。

学校時代は、

「よい成績をとる」

「学級委員や生徒会の役員になる」

「先生に褒められる」

「親にこの子はできると言ってもらえる」

「よい大学に入る」

「真面目《まじめ》に勉強し、クラブ活動も活発に行う」

などが、私にとってとても大切でした。

結婚したあとは、

「家の掃除や洗濯をちゃんとする」

「パーティーを上手にする」

「よい奥さんだと言われる」

「賢《かしこ》い奥さんだと言われる」

などでした。もっとも、これらはどうもあまり成功しませんでしたが。

そして、会社で働いているときは、

「この人はできる、と言われる」

「上司の評価がよい」

「給料が早く上がる」

「同僚《どうりょう》からはつき合いやすい、よい人だと言われる」

ということがいちばん重要でした。

つまり、私はずっと、人の評価でなんとか生きてきたのです。人によく評価してもらいたいばかりに、がんばって勉強し、がんばってクラブ活動をし、がんばって仕事をしてきました。**うーん、それってつらくない？**

「もっと寛大《かんだい》になりなさい」

夫の転勤でアメリカに行くために二度目の会社を退社したとき、みんなが日本料理の本をお餞別《せんべつ》に贈ってくれました。アメリカに行って、お客様をおもてなしするときのため、という思いだったのでしょうが、残念ながら、その本の出番はなく、いつも、きれいな日本料理の写真を見て楽しんでいるだけでした。

その本に、みんなが寄せ書きをしてくれました。そのなかに、私があれっと思う一つの言葉がありました。

「もっと寛大になりなさい。人にも、そして誰よりもあなた自身に」

私が尊敬している上司の言葉でした。

あれっと思ったものの、その意味はそのときはよくわかりませんでした。私は部下に寛大なつもりでした。それに、自分自身に寛大になりなさい、って、いったいどういうことなのでしょうか。

そのときは、私は寛大なのに、なぜ、こんなことを言われるのかしら、という思いだったのかもしれません。

その言葉の意味がわかるまでに、私はしばらくかかりました。

これくらいできるはず……

私は自分に寛大ではありませんでした。

ここまでやる、と自分で決めると、それができるまで、自分を駆《か》りたてていました。

そして、それと同じ基準を、部下にも、その他の人にも押しつけていたのだと思います。

自分で決めた水準までいかないと、私は自分を責めました。

許しませんでした。

人がその水準まで達しないと、表面はやさしく、でも断固《だんこ》として、私の設定した水準に達するまで、許しませんでした。

きっと、陰で泣いていた部下や同僚もいたかもしれません。

こんなやり方って、きつくありませんか？　上司はちゃんと見ていたのです。

私の頑固で、人も自分も許さない不寛容《ふかんよう》な生き方に、彼は思わず忠告したくなったのだと思います。

がんばるのも自分に寛容でないのも、実は同じ原因から来ていました。

自分は価値のない人間だという思い ②

その原因は、ただ一つ、自分を大切だと思っていないことでした。

そのままの自分に全然価値を認めていないことでした。

自分の価値は、何かを成し遂げ、他人に高く評価されたときに、やっと、獲得《かくとく》できるものだと、ずっとどこかで思っていました。

それしか知らなかったから、それが当然だと思っていました。

もしかして、それは家庭や学校で、そう教えられたからかもしれません。

家では成績がよかったり、よい子だったりすると、褒められました。

自分自身の好きなことをしていると、叱《しか》られました。

学校では、成績がよいと褒められ、宿題をしないと叱られ、優等生だと褒められ、規則を守らないと叱られました。

そんなことを体験しているうちに、**何かよいことをすることによって、自分は価値のある子どもになる**し、何かよくないことをすれば価値のない子どもになる、と思いこんでしまったのかもしれません。

そして、これは本当です。私は小学校の四年生までは、クラスの劣等生でした。

でも、四年生の三学期に、ひょんなことから初めて先生に褒められて、急によい子になりました。

ああ、よい子になれば、自分は先生に褒められるし、クラスでもみんなから一目置《いちもく》かれるのだな、と悟《さと》った瞬間でした。

生まれるずっと前から

それ以来、ずっとよい子でいたのが、四〇歳までの私だったのです。

でも、実はこれにはもっと深い理由があります。

私たちは、自分自身が大したことがないと、もっと早くから思いこんでいることがあるのです。

それはもしかして、いまの自分として生まれたときよりも前、いわゆる前世《ぜんせ》と呼ばれる以前の人生で、身につけた思いかもしれません。

何かの理由で、お母さんのお腹のなかにいた頃に、「こんな子はいらない」とお母さんやお父さんに思われていたから、という場合もあります。

そして、あなたが女性だとすると、歴史的な産物《さんぶつ》として、世界中のほとんどの女性がもっている、女性である自分に対する否定的な見方の産物かもしれません。

そしていま、そのような思いを私たちのなかから取り除くことが、とても大切になっています。**自分はありのままで価値があること、あなたという存在は、この世に、この宇宙にたった一人の、貴重で大切な存在であることを、私たちは知らなければなりません。**

私たちの人生が、私たちの家庭が、世界が、地球が、そして宇宙がもっと伸びやかで明るい場所になるためには、私たちが自分自身の大切さに、自分自身のかけがえのない価値に気づくことが、必要です。

そして、実はそれが、いまもっとも私たちに望まれていることでもあるのです。

大切なのは、自分に好かれること

アメリカに転勤してすぐ、私たちは夫と同じ職場に勤めている方が夏休みで留守にする間、彼らの家を借りてしばらく住むことにしました。

ワシントンDCの木立の鬱蒼《うっそう》とした住宅街にある、少し古くて落ちついた感じの家でした。

ファーボールという猫がいて、私は彼女のシッターも兼ねていました。この猫がかわいくてね、私はそれまで猫には興味がなかったのですが、ファーボールとはとても仲良くなりました。

彼女の餌《えさ》は地下室でやることになっています。ファーボールはごはんが食べたくなると、私のそばに体をすり寄せてきて、「一緒に地下室に下りていって」と頼むのです。一緒に階段を降りてあげると、嬉しそうについてきて、ごはんのところに飛んでいきました。

まだ、アメリカについたばかりで友達のいない私には、素晴らしい友人でした。

そんなある日、日本からアメリカ人の友達が訪ねてきてくれました。

デイビッドはシカゴ生まれのアメリカ人で、日本に住んでいました。彼とはアメリカに来る直前に知り合ったのですが、お里帰りのついでにワシントンDCまで、わざわざ私たちに会いに来てくれたのです。

もちろん、私たちは大歓迎でした。時は七月、夏時間を使っているワシントンは、午後九時過ぎまで、まだ明るい毎日でした。

「誰に好かれたいの?」

その日も暑い一日でした。まだ日は高いのですが、少し暑さも一息ついた頃、私たちは家の前に座ってビールを飲んでいました。

気持ちいい風が吹きはじめて、通りの木々をそっと揺らしています。道をゆく人もなく、都会だというのに、とても静かです。心が穏やかに静かに、深くなっていくような時間でした。

そして、私たちはなぜか、哲学的な話を始めていました。

私がたぶん、自分の悩みでも話したのでしょうか。もう、そのきっかけは忘れましたが、デイビッドが私に質問しました。

「君はいったい、誰にいちばんよく思われたいの？」

私は返事ができませんでした。

一生懸命、**いったい誰にいちばんよく思われたいのか**、好かれたいのか、考えました。

母かしら、父かしら、姉かしら、友達かしら、仕事の仲間かしら。それとも、夫かしらかな。いくら考えても、よくわかりません。姉かなあ、などと、不思議な答えが聞えたりもしました。

その間、デイビッドはニコニコしながら私を見つめています。

私はますます、混乱してきました。

「わからない。誰かしら？」

するとデイビッドがおもむろに話しはじめました。

「それは君自身なのだよ。

君が自分をよく思っているかどうか、それがいちばん大切なのだよ。

いったい、君は自分のことをどう思っているの？

自分のことは好き？

素敵だと思っている？

もし、自分のことを大好きで、自分のことを素晴らしいと思っていたら、この世の中に何も問題はないのだよ」

私はびっくりしました。

天が落ちてくるかと思うほどの驚きでした。

自分のことをどう思っているかって？
自分を好きかどうかって？
そんなことって、あるのだろうか。
自分をどう思っているかなんて、私は考えたこともないのに。

自分を好きになるとは、いったい、どういうことなのだろう。

最近では、テレビコマーシャルでも「自分のこと、好きですか？」と言っています。でも、二〇年前の私は、そんなこと、聞いたこともありませんでした。たとえ、どこかで聞いていても、耳に入らなかったのかもしれません。
ともかく、よくわからないけれど、自分のことを自分がどう思っているか、彼の言う通りに見てみようと思いました。

「自分」を見つめてみる

その日の夜、じっくりと自分について、自分がどう思っているか、どう評価しているか、見てみました。

こんなに客観的に自分を見つめるのは、初めてでした。

ただし、それは自分の客観的な評価ではなく、自分に対する自分の評価を客観的に見たというわけです。ちょっとややこしいですね。

その結果は、ジャーーン、私は自分が大嫌いでした。

好きなところなんて、一つもありませんでした。

姿形も、性格も、やることなすこと、全部嫌いでした。

二〇〇パーセントも三〇〇パーセントも大嫌いだったのです。

さすがに私はこれは大変、と思いました。

「自分さえ好きだったら、この世に何も問題はないのだよ」とディビッドは言いました。ということは、自分が大嫌いな私には、この世は問題だらけ、ということなのでした。

しょうか。

そこもよく考えてみました。

私は世間一般から見たら、すごく恵まれています。両親に愛されて育ったし、お金には苦労していないし、大学まで出ているし、夫は真面目なお役人だし、仕事だって、自分がやりたいと思うとすぐに見つかるし、めったにできない経験だってしているし。

マイナスといえば、客観的には赤ちゃんができなかったことくらいでしょうか。

でも、私は実は知っていました。私の人生は問題だらけだということを。私の心に平安がなかった、というのは言い過ぎですが、いつも不安があったのです。いつも、どこかでじりじりと焼けるような不安というか、不満というか、身をさいなむような感覚をもっていたのです。

そして、心の通い合う友達もあまりいませんでした。**人と対するときは、いつもビクビクしている私がいました。**

デイビッドが言うことは本当かもしれません。

私の人生がいつも不安と焦燥感《しょうそうかん》、そう、焦燥感でいっぱいなのは、もしかして、自分を嫌いだからかもしれません。

そのとき、私は決心しました。

「私は自分を好きになるのだ」と。

第2章

Chapter 2

生きる価値を見いだすために

——心の奥深くで傷ついていた自分に気づく

どうして「私」は、生まれてしまったの？

それからいろいろなことがありました。そして、ついに、なぜ、私は自分が嫌いか、わかりました。

私は自分はこの世に生きていてはいけない、自分は生きている価値がない、としっかり思いこんでいたのです。

このことを発見したとき、私は一時間、泣いていました。

涙が私の悲しみと苦しみを洗い流してくれるのを感じました。

なぜ、自分がそのように感じているのかも、それと同時にわかりました。

生まれる前から、ずっと傷ついていた自分……

私の場合、理由がありました。

それは、私が女の子に生まれたからでした。

私は四人きょうだいです。姉が二人に弟が一人です。

ということは三番目の女の子でした。生まれたのは戦争中、兵隊さんがいちばん大切な時代でした。

それだけでなく、当時の日本では、家の跡取息子が生まれるかどうか、どこのおうちでも気にしていました。

私が生まれた家はちょっと古い家でしたので、男の子がどうしても欲しかったのだと思います。

母も父も祖父母も、こんどこそ、男の子が欲しいと願っていました。

ところが、生まれてみればまたもや、女の子でした。

みんな、特に母はどんなにかがっかりしたでしょうか。

私は物心ついてからずっと、

「あなたが生まれたとき、誰も喜ばなかったのよ。女の子だから、こんな子はいらないって、おばあちゃまも、おじい様もおっしゃったのよ」

と母から言われて育ちました。

そのことは前から憶えていたのですが、「それはそうよね」と受けいれていると思っていたのです。

でも、違ったのですね。

私は心の奥深くに、

「そうか、私はいらない子だったのか。私はこの世に本当は生きていてはいけないのだ」

ときざみこんでいたのでした。

でも、実は、それよりもっと前から、傷はついていたのです。

母のお腹にいたとき、私は母が、そして家族のみんなが、こんどこそ男の子が欲しいと望んでいるのを知っていました。

そう、お腹の赤ちゃんは、外で起こっていること、お母さんの思っていることが全部わかっているのです。

私もそうでした。だから、たとえ、母が、

「みんな、こんな子はいらないと言ったのよ」

と私に言わなかったとしても、私はすでに母のお腹のなかで傷ついていたのでしょう。

「まあいいじゃない」の気持ち

そのことがわかってから、私は少しずつ、変わっていきました。

以前よりも怖れや不安や焦燥感が減りました。

いまでも、調子が悪いときは不安や焦燥感や「自分なんて」という気持ちがときどき頭をもたげることもあります。

でも、基本的には私は自分が大好きだし、自分のよいところもあまり好ましくないところ（嫉妬《しっと》深いとか、すぐに人と自分を比べるなど）も、まあいいじゃない、と思えるようになっています。

そして、自分の人生、ほとんど問題はないよね、という感じです。

不安や焦燥感もめったに感じません。

心の通い合う友達はいっぱいいます。

デイビッドが教えてくれたことは、本当でした。

自分を好きになること、自分を愛すること、自分を一〇〇パーセント受けいれること、これが人生の唯一の秘訣《ひけつ》でした。

そして、これが神を愛すること、宇宙をそのまま受けいれることにつながっていきます。

なぜって、私たちは神であり、宇宙そのものなのですから。

自分を愛するということは、神を愛し、宇宙を愛し、ありとあらゆるものすべてを愛することと同じだからです。

すべては自分が起こしていること

私は子どもに恵まれませんでした。二五歳で結婚したときには、子どもはすぐにできる、となんとなく思っていました。

でも、三年たっても何事も起こらなくて、慌《あわ》ててお医者様にゆき、不妊治療をしたりしました。

不妊治療というのは、いまは知りませんが、苛酷《かこく》な作業だと思います。治療が終わったとたん、ひどい痛みに襲われて、病院の待合室で一時間以上、うめいていたこともありました。

毎月、今月もまただめだった、とがっくりするあの気持ち、いまも多くの女性が体験していることだと思いますが、あれは本当につらいものでした。

でも、私は恵まれていたと思います。

まだ、いまのように不妊治療が進んでいなかったので、ある程度治療して赤ちゃんが授からないと、もうそれ以上、やれることがなくて、自分のなかで折り合いをつけてあきらめることができたからです。

幸せになりたいのに、なれない理由

いまになって思うと、私が子どもをもてなかったのには、ちゃんとした理由がありました。

まず大きな理由は、私が自分の価値を全く認めていなかったことです。

自分を認めない、自分を嫌っている私は、自分が幸せになるのを許すことができなかったのだと思います。

自分がいちばん欲しいと思っているものを、自分は受け取る価値がない、とどこかで思いこんでいたのでしょう。

そう、私はいつもそうでした。自分がいちばん欲しいと思っているものを手に入れることが、ときどき、とても難しかったのです。

どこかで自分を抑制《よくせい》して、成功を逃すこともありました。

「自分が勝ったら、他の人に悪い……」

私はマレーシアにいた頃、ゴルフが大好きでした。

マレーシアで初めてゴルフを始めたのですが、どんどん上達して月例のコンペにも出場するようになりました。

あるときのコンペで、前半、私はすごいスコアを出しました。この調子でいけば、優勝できそうです。そう思ったとたん、自分でもわかるほどに、「手加減しなければ」と思っている自分がいました。

そして後半はそこそこのスコア、そしてなんと、ワンストローク差で私は優勝できませんでした。

まだ、自分を見る、自分を知るなどということを知らない時代でしたが、私は自分

が自分の思いで優勝を逃したことを知っていました。

実はこのようなことを自分の人生で何度も繰り返している人は、まだいっぱいいます。

もう一つ、私は自分に気づいたことがありました。

とても小さな事件です。

あるとき、友人一〇人くらいで、伊豆に遊びにいきました。誰かの友達が小さなケーキを差し入れしてくれました。

夕食も終わって、みんなでそのケーキをいただくことになりました。箱のなかには、一種類ずつ、違ったケーキが入っています。

誰からともなく、じゃんけんで勝った人から自分の好きなケーキをとろう、ということになりました。

じゃんけんをするときから、私は勝ちたくないな、と思いました。でも、なんと、いちばん勝ってしまったのです。

さあ、大変。箱のなかには色とりどりのケーキがあります。私にとって、魅力的《みりょくてき》に見えるケーキがいくつかありました。

でも、私はそれがとれませんでした。

いちばん魅力を感じないケーキに手を伸ばしていました。

私の心はコンピュータのようにピコピコ動いて計算していたのです。

「私が魅力的に感じるケーキをとってしまえば、他の人に悪い。

だから、誰も望まないようなケーキを選ぼう」

私にとって、当然のやり方でした。

でも、そうしたとたん、私は変よ、という声が聞えました。

私の次の人は大喜びで自分がいちばん好きな、見るからにおいしそうなケーキをとりました。

次の人も、また次の人も。

私はこんなときでも、自分の価値を認めてあげられなかったのです。

一見、人を思いやるやさしさみたいに見えますが、全然違いました。

自分にちっともやさしくなかったし、自分を否定していたのです。

こんな小さな事件、それもすでに一〇年以上前の事件なのに、まだ、よく憶えています。私にとってはとても大切な気づきの一瞬だったからです。

人生を「制限」しない

この二つのことは、私の人生をそれほど曇らせるような事件ではありませんでした。でも、こんなことを何回もしていると、私たちは自分の人生を制限し、狭くし、自分の力を思いきり発揮《はっき》して生きることができなくなってしまいます。

何よりも、自分を低く見ていると、自分の価値を十分に認めていないと、外からの助け、それも目に見える人やものからの助けも、目に見えない天使や精霊や宇宙からの助けも、シャットアウトしかねません。とても残念なことです。

私たちはこの地球に、自分のもっているものを世のため人のため、そして何よりも宇宙そのものである自分のために発揮しようと思って、生まれてきています。

そして、もっているものは無限です。

なにしろ、私たちは宇宙そのものなのですから。

それを、自分は無価値だ、自分なんて、と思っていたら、とてももったいないと思いませんか。

「私は素晴らしい」
「私は宇宙と同じ価値がある」
「私は自分を愛している」
「私は自分を大好きだ」
「私はいまの自分をそのまま受けいれよう」
「私は自分のすべてを許す」

そんな言葉をいつも、心のなかで唱《とな》えてください。この言葉のうちにどれか、あなたの胸に響く言葉があるはずです。

自分のことを好きだと思っていても、もっと好きになりましょう。

もっともっと愛してあげましょう。

自分のボトムラインに気づく

私は実は四〇歳になるまで、自分が自分を嫌っているということに気がつきませんでした。でも、自分を嫌いだ、という一つの事実が、私のそれまでの人生を縛《しば》ってきていました。

人よりがんばってしまうのも、自分に寛容になれないのも、人のことをいつも羨《うらや》ましがっていたのも、全部、そこにいちばん大きな原因がありました。

このように、私たちの人生を縛っている思いを、〈ボトムライン〉というそうです。

そして、このボトムラインに気づかずに、自分の人生を狭く、つらく送っている人がたくさんいるのです。

ボトムラインは実は人生を縛るものだけでなく、人生を花開かせるものであることもあります。

もし、私のボトムラインが、

「私は愛されている」

「私は価値のある人間だ」

「自分が大好き」

というものであったならば、私の人生はふんわかとして、最初から自分の本来の資質を十分に伸ばせたかもしれません。そして、そのような幸運な人も世界にはいっぱいいると思います。

あなたがそんな幸せな人であったならば、自分のポジティブなボトムラインに気づくことによって、もっともっと幸せになり、自分の才能を花開かせ、人々に幸せを分けてあげられるようになっていきます。

自分のやさしさを解き放つ

一方、自分を縛るようなボトムラインをもっていると、私たちの人生はとても狭くて苦しいものになります。

それは私たちの命の光が外に出ていくのを、さえぎってしまうからです。

私の感じでは、私が自分のことを嫌っていたときは、私のなかにあるやさしさや光や愛が外に出ていくのを、「私は私が嫌い」「私は生きていてはいけないのだ」という思いが、ぎゅっと入り口を狭めて邪魔をしていたみたいでした。

自分を好きになってからは、私のやさしさも光も愛も、すべてが体全体から放射《ほうしゃ》しているように感じています。

「自分は生きていてはいけない」というボトムラインは、数あるボトムラインのうちでも、とても重症のネガティブなものです。

これほど重症ではなくても、いろいろとネガティブな思いをもって、それによって人生を制限していることはよくあります。

「もっと人生を花開かせたい」「もっと人生を豊かに、安心して、人と仲良く生きていきたい」

そんな思いがあるとき、実はあなたの心の奥底に、あなたがイキイキとするのを制限している思い、あなたの人生を根底で規定しているボトムラインがあるのです。それに気がつくことこそが、実は人生を変えるための鍵なのです。

だめだと決めつけたのは誰？

私の場合は、女の子に生まれたということから、「自分は生きていてはいけない」と思いこんでしまいました。

それに気がつくまで、この思いは私が何をしてもどこかに張りついていて、十分に自分の人生を生きることを邪魔していました。

ボトムラインは一般に、私たちがとても小さい頃につくられます。

私はブライアン・ワイス博士という精神科医の書いた『前世療法』（ＰＨＰ研究所刊）という本を訳していますが、そのなかでは、私たちには前世があって、そこで体験したトラウマやつらかったこと（たとえば誰かに殺された、洪水で死んだ）が私たちの人生を規制する要素、つまりボトムラインになっているケースもあると書かれています。

でも、ほとんどの場合は、私たちの子ども時代、それもごく幼い頃に人生を決める思いが育つようです。

それも、両親や家族からの影響《えいきょう》であることが多いのです。

「愛しているよ」といつも言われながら育ててもらえば、私たちは「自分は愛されている。いつも安全だ」という思いをもつことができます。

「どうしていつもこんなの？」と叱られてばかりいれば、「自分はきっとどこかが足りないのだ。悪い子なのだ」という思いを育ててしまうかもしれません。

だから、子どもを育てるときは、子どもを愛すること、子どもに対して、その愛を十分に表現することがとても大切なのです。

でも、実はこのように**家族や両親の態度はとても重要な要素ではあっても、どんな基本的な思い、ボトムラインをつくるかは、私たち自身です。**

たとえば、私と同じ境遇《きょうぐう》にいたとしても、「自分は生きていてはいけないのだ」と思いこまずに、もっと幸せな感覚で生きていける人もいっぱいいるでしょう。

それとは逆に、私よりももっと、「自分なんかいないほうがいいのだ」と強く思って、もっとひどい人生を送る人もいるかもしれません。

つまり、どのようなことを思うかは、私たちがどんなに幼くても、どんなに弱々しい存在に見えても、実は私たち自身の責任なのです。

人生のすべては自分がつくりだしたもの

私たちは自分ですべてをつくりだし、自分で自分の生き方を決めているのです。

実のところ、私の場合、三番目の女の子だったので最初は家族みんながっかりしたものの、私は父や母や祖父母から、それはそれは大切に愛情いっぱいに育てられました。

それなのに、幼い私は勝手に自分で、「私はいらない子どもなのだ」と心の奥底で決めてしまったのです。

そして、いくら愛を注がれても大切にされても、いつも不安と怖れを抱えた人生を、四〇歳になるまで続けていたのでした。

両親があんなでなかったら、自分はもっとよくなったのに、と思う人もいるかもしれません。でも、実は違います。

同じようなひどい親をもっていても、片方の人はそれをバネに独立自尊《どくりつじそん》の精神を育て、もう一方は親を恨《うら》んで「自分はどうせ」という人生を歩んでいくこともあるのです。すべては自分で選び取ったのです。

そして、こうして両親や家族の影響から自分で選び取ったボトムラインは、そのまずっと、私たちのなかに残り、それを核にして、私たちはいろいろな行動規範《こうどうきはん》や自分なりの価値観を育てていきます。

もちろん、その後の教育や育てられ方からも一つずつ学んでいきますが、その学び方も、実は幼い頃に形成したボトムラインにそって学んでいくようです。

そして、そのボトムラインをもって、どのように生きていけばよいのか、自分なりに学んでいきます。

「好かれる人になりたい」

私の場合は、いちばん大きな学びは、さきほども少しお話しましたが、小学校の四年生のときに来ました。

それまで、私は劣等生でした。勉強はできませんでした。テストの結果や成績表を母に見せるのが、とても嫌だったのをよく憶えています。夏休みや冬休みや春休みの宿題は、きちんとやったことがありませんでした。絵日記はいつも宿題に出ていたのに、最初の三日間くらい書くと、もう、それ以上は書けませんでした。

その頃の私は毎日を楽しくすごしていたようにも思うのですが、勉強をしないことによって、「私は生きていても仕方ないのだから、これでいいのだ」と小さいながらに思っていたのかもしれません。

私を変えた、先生の一言

成績よりも、私の記憶に残っているその頃のエピソードがあります。

ある日、友達と二人で、学校で担任の先生が仕事をしているところに遊びにというか、邪魔をしにいったことがありました。

その友達はいつも先生のところに遊びにいっていたようです。私はそのときが初めてでした。

友達は先生の背中に乗ったり、いろいろ話しかけては先生に甘えていました。

私もとっても先生に甘えたいと思ったのですが、それはできませんでした。

「私は彼女みたいにできない。私は先生に好かれていないもの」

そう思っていました。そして、とても友達が羨ましくて、先生に甘えられない自分を惨《みじ》めに感じたものです。

ところが、四年生の三学期、私はちょっとしたことで、その担任の先生からみんなの前で褒められました。

全校の学級委員会で、普通は四年生が意見を言うことはないのに、私が手を上げて意見を言ったからでした。

それまで、私は一度も先生に褒められたことはありませんでした。むしろ、みんなの前で、「この子は先生にもお母さんにも言わずに寄り道をして、みんなに迷惑をかけました」というようなことで、いつも叱られてばかりいました。

それが、なんと、初めて褒められたのです。

天にも上る気持ちでした。

先生が褒めてくれた——なんて気持ちがよいのだろうか。

先生に一回褒められたことが、それ以後の私の人生を変えました。急に優等生になったのです。

勉強も急にできるようになりました。

先生に言わずに寄り道するなんて、とんでもありません。

まっすぐに家に帰るようになりました。
学校の規則は一つとして、犯すようなことはしなくなりました。
いつも先生や両親に褒められるようなことをしようと、張りきり出しました。
そして、私はずっとそんなふうに生きるくせをつけてしまったのです。
で、私が幸福になったかというと、よくわかりません。
成績はよくなって、いつもクラスのトップでした。
みんなに一目置かれる存在になりました。
でも、自分自身でいることができなくなりました。

自分の存在価値を上げるために

いつも優等生になって先生や両親や友達に「さすが」と言われることが、私の目的になりました。

いや、もっと深いところでは、自分で「私はよくやっている。これでなんとか存在価値がある」と思うために、がんばっていたのです。

「自分は生きている価値がない」

という私の無意識の思いは、

「自分はこれだけのことができる。だから、価値が少しはある」

という方向へと育っていったのです。

がんばってよい成績をとるほど、がんばって優等生になるほど、自分の価値が少し、上がったように感じました。

自分の価値が少し上がると、気分がよいので、またがんばります。

そんな連続の人生へと、私の方向性が決まってしまったのが、この小学校四年生のときの出来事でした。

ときどき、私が小学校四年生のとき、先生に褒められることもなく、ずっとあのままの子どもだったらどうだったかしら、と思うことがあります。

あのままだったら、あれがなかったら、ということは人生にはないのですが、それでもね、ときどきは思いますよね。

もしかしたら、私は能天気《のうてんき》に自分の好きなように生きていったかもしれません。または、自分は成績が悪い、自分は何もできない、自分は宿題一つまともにできない、ということが重荷になって、劣等感《れっとうかん》でいっぱいな、もっと困った人になったのかもしれません。

優等生人生になってしんどかったことも確かですが、それ以外の人生も、きっとつらかったのでしょう。

なにしろ、自分が大嫌いだったのですから。

自分を好きになるまでは、自分には価値がある、自分は大切な存在なのだということをわかるまでは、私はいずれにしろ、心の平和を十分に味わうことはできなかったと思います。

この道はこの道で、私にとってこれしかない、いちばんよい道だったのでしょう。

□どこかでいつもイライラしている
□心の平和がない
□何をしても、うまくいかない

□心から楽しむことが少ない

□一つでも失敗したり、うまくいかなかったりすると、自分の人生が全部だめになったように感じる

□うまくいっているときは自分に満足できるけれど、うまくいかないと自分を責《せ》めてしまう

こんなことがあるときは、自分の子ども時代を振りかえってみましょう。

□どんな子どもでしたか

□お母さんやお父さんから、どんなことを言われていましたか

□友達とはうまくいっていましたか

□学校の先生とは？

□何が好きでしたか？

□いつか、がらっと性格や行動が変わったことはありますか

□とてもよく憶えているエピソードがありますか

そんなことを思い出していくのです。
何かいまのあなたにヒントになることが、そこに隠されているかもしれません。

宇宙で唯一の大切な「私」

小学四年生のときに急に優等生になってから、私は優等生街道をまっしぐらに進みました。中学校でも高校でも、クラスの優等生でした。大学でも真面目《まじめ》一筋でした。そのままずっと、四〇歳になるまで、少なくとも外側では優等生を演じつづけていました。

それが無価値な自分をなんとか許せる生き方であり、自分を少しは価値がある人間だ、と思うことができる生き方だったからです。

そして、自分はこんな生き方しかできないと信じていました。それも意識的にではなく、無意識にそう思っていました。

あなたのボトムラインを捨てるとき

それに、私よりももっと気楽に、楽しそうに、明るく、人の輪の中心にいてみんなに好かれている人を見ると、とても羨ましかったものでした。

「私もあの人のようになりたいのに、でも、私はあのようにはなれない。私は生まれもってきたこの根暗な性格を、ずっと我慢して生きるより仕方ない」とずっと思っていました。

でも、いままでもお話ししたように、四〇歳のとき、自分が嫌いな自分に気がつきました。そして、その原因もわかったとき、私のボトムラインは少しずつ、変わっていったのです。

「自分は生きていてはいけない人間だ」から、

「私は価値のある大切な人間なのだ」へと、
正反対の方向に変わっていったのです。

そして、人生そのものも変化していきました。

このプロセスはゆっくりしたものでしたが、確実に私の生き方の基礎《きそ》を変え、そんなに努力しなくても、そんなに自分ではないものにならなくても、そのままの自分でいられるようになっていきました。

それと共に、相変らずどちらかといえば根暗人間ではありますが、だからといって、明るい人を羨んだり、その人のようになりたい、などと思うことも少なくなっていきました。

私たちの人生がうまくいかないとき、どこか人生に不満や不安を感じているとき、私たちの人生を束縛《そくばく》している何かの原因があります。

そしてそれは、私たちの意識の奥にしっかりと根づいてとぐろを巻いているネガティブなボトムラインが、私たちの生きる力を制限しているからです。

そのボトムラインの存在に気づかないとき、そのボトムラインがどんな思いなのかわからないとき、私たちはそれに振り回され、制限され、自分の本当の力を発揮できずに、人生を狭く、つらく生きてしまいます。

でも、あなたがそんな生き方に飽きたとき、もっとイキイキと、喜びに溢《あふ》れた人生を送りたいと本当に思ったとき、そのときはあなたがいままでのボトムラインを捨てるときなのです。

そして、**いままであなたを縛ってきたネガティブな思いを見つけだしたとき、そして、それをしっかりと心の底から受けとめたとき、その思い、そのボトムラインは消えていきます。**

それはあなたがそこにあると潜在《せんざい》意識《いしき》で思いこんでいた幻想であり、お化けのような影であって、ちゃんと光を当ててあげれば、きちんと見つめ、その影の存在を認めてあげれば、それは光のなかに溶けていくからです。

そしてそのあとには、本来のあなたである「私は光であり、愛であるとても大切な人なのです」という、素晴らしい思いがおのずと現われてくるでしょう。

いままで、それはあなたの自分を制限する思いによって、隠されていただけだからです。

自分が好きになるということ

「天上天下唯我独尊《てんじょうてんげゆいがどくそん》」という言葉を知っていますか。

お釈迦《しゃか》様が生まれたときに、右の手は天を、左の手は地をさしておっしゃった言葉といわれています。

私は仏教のことも、他のいかなる宗教のことも、ほとんど勉強したことはありませんが、子どもの頃からずっと、この言葉の意味は「天の上にも下にも、つまり世界中で私だけがただ一人、尊《とうと》い存在である」という意味だと思っていました。

ああそうか、お釈迦様は、自分は特別に尊い存在である、だから自分を尊敬しなさい、あなたがた普通の人とは違うのだよと、生まれたときから知っていたのか、などと思っていたものです。

でも、私のボトムラインが、

「私は自分が好きです」

「私はそのままで大切です」

という方向に変化した頃、あるときこの言葉が頭に浮かんできて、突然、その本当の意味がわかりました。

「人間は誰もが、天上にも天下にも、ただ一人しかいない尊い存在なのです」

「私は天上にも天下にも、ただ一人しかいない尊い存在です」とは、お釈迦様だけが尊い、という意味ではなく、人間一人ひとり誰もが、世界で宇宙でただ一人しかいない尊い存在であるという意味でもあったのです。

たぶん、私が少しでも勉強していれば、「天上天下唯我独尊」という言葉が、このような意味も持っていることは、どの仏教の本にも書かれているのかもしれません。

そして、私は自分で勝手にお釈迦様だけがえらいのだ、尊いのだ、私たち下々《しもじも》は尊くないのだと、思いこんでいたのでしょう。

でも、私が自分も大切なのだ、尊いのだと気がついたとき、この言葉の意味もわかったのです。

そう、天上天下唯我独尊、いまの私にとって、この言葉は大切なお守りのようになっています。

私もあなたも、あの人もこの人も、そして生きとし生きるすべてのものが、天上天下唯我独尊、この宇宙に一人しかいない、一つしかない、とても大切で尊い存在なのです。

ときどき、この言葉を思い出してみましょう。お釈迦様になった気持ちで、右手を天に向け、左手を地に向けて、この言葉を宇宙に向けて発している自分を思い描いてもいいでしょう。

私たちはみな、同じです。私もあなたもお釈迦様も、みな、この宇宙にただ一人しかいない、大切で尊い存在だからです。

第3章

Chapter 3

「だめな自分」を秘密にしなくていい

——うまくいかなかったことは、なかったことにする?

女性であることって、損ですか？

「男尊女卑《だんそんじょひ》」という言葉を聞いたことがありますか。

もう、日本ではそろそろ死語になりつつあるかもしれません。

文字どおり、男は尊くて女は卑《いや》しい、という意味です。

いつの頃からかはわかりませんが、この世界ではずっと、ほとんど、どの文化にも深く根づいていたもの、世界のボトムラインの一つ、ともいうことができる考え方だったと思います。

私は自分では「男尊女卑」の最後の世代だったと思っています。前にも書いたように、私が生まれた頃は、男の子だったらみんな喜び、女の子だとがっかりする、という時代でした。

そして、私が「女の子に生まれた私は価値がない」と心の奥底で思いこんでいたのは、もちろん、家族の「こんどこそ、男の子が欲しい」という強い思いのせいもありましたが、それと同時に、この社会の「男尊女卑」という文化に根ざしたものでもあったと思います。

いま、若い女性はこんな思いはほとんどもっていないのかもしれません。

私たちの世代は、まだまだ、このような社会で育っていますから、男尊女卑の気風《きふう》が男性にも女性にも残っているか、またはそこから抜け出すために、いろいろ苦労しているのではないかと思います。

社会の女性差別をなんとかしようとして、フェミニズムの運動や女性解放運動などといった動きが、二〇世紀には世界中で繰り広げられています。

でも若い頃の私はまだ、当たり前のこととして、男性は女性より偉い、女性は男性より劣っていると思いこんでいました。

家では、女の子である私より弟のほうが大切なのは、当たり前だと思いました。

中学生のときは、生徒会長には男子生徒がなるべきだと思っていました。高校は女子校だったので、これでやっと、女子生徒が生徒会長になってもよくなった、と思って、私も生徒会長になりました。

大学に合格したときは、私が合格したせいで誰か有能な男性が不合格になったかと思うと、申し訳なく思いました。

結婚したあとは夫には家事は一切、してもらいませんでした。買い物や旅行に行くと、重い荷物を持つのは私でした。（今はもう違いますよ！）

就職で女性だからと差別されても、別に怒りも感じず、当たり前だと思っていました。

自分を被害者にしない

私がこれはおかしいと気がついたのは、ずっとあとになってからでした。それまでは、私にとって男尊女卑は当然のことであって、そのまま受けいれ、そのように行動していたのです。

でも、自分を大切にすることを知ってから、幼い頃から植えこまれていた、この社会的なボトムラインにやっと気がつきました。

でも、私たち女性は被害者ではありません。

自分で決めてきたことなのです。

男尊女卑というと、つい、女は被害者、という感じになりがちです。私も被害者をやっていました。あるいはどうせ私は女だから、とすねてみたり、それをいいわけに使ったりしていました。

でも、実は違うのです。

私たちは、自分でそう、思いこんでいるだけです。

男尊女卑は、私たち女性がつくりだしたものでもあるのです。

だから、もし、それを取り除きたかったら、私たち女性がそれに気づき、女性として人間としての尊厳を取り戻せばよいのです。

しかも、それは男性と同じ仕事をするとか、社会的に活躍するということを意味しているわけではありません。

ありのままの自分を、女性であるための強さと弱さをもつ自分を、そのまま受けいれ、認め、愛し、女性である自分自身をそのまま丸ごと愛する、ということから始まるのです。

何事でも、被害者になる、つまり誰かのせいで、自分はひどい目にあっている、虐《しいた》げられている、活躍できない、などと思っているあいだは、私たちはいつまでたっても、そこから抜け出すことができません。

なぜかといえば、すべてを他の人のせいにしているからです。

他の人の行動に自分の身をゆだねてしまっているからです。

しかも、他人の行動を私たちはどうすることもできません。

でも、**これは私がつくりだしていることなのだ、自分で変えることができる、ということがわかれば、私たちは自分のあり方を変えることができます。**

自分で自分を変えればよいからです。

当てにならない他人に頼らなくてもすむからです。

自分を変えることは難しくない、だけど……

では、自分を変えるには、どうすればよいのでしょうか。

実はとても簡単です。

ただ、ありのままの自分を認めてあげればよい、ありのままの自分を許し、そして愛してあげればよいだけなのです。

自分を変える、というと、いまの自分とは違うものになることだ、と思うかもしれません。

自分を変えるために、いま、やっていることとは全然違うことをすればよいのだ、と思うかもしれません。

もちろん、そうしてもよいのです。

いままでやったことのないことをしてみる、いままで無理だと思っていた勉強をしてみる、いままで着たことのない色の服を着てみる、お化粧を変えてみる、などなど。

そうすることによって、思いもかけない自分に出会って自分をもっと好きになり、愛することができるようになるかもしれません。

縮こまる心とからだ

でも、いくら外側の自分を変えてみても、どんなにがんばって自分を変えようとしても、最初はワクワクしても、いつかまた、もとの自分に戻ってしまって、むなしくなる、ということだってあります。

それはいくら外側の自分を変えても、私たちが本来もっている価値、あるがままの自分がもつ尊さを認めることができずにいると、しばらくは新しいものに挑戦して自分を褒めることができても、それが過ぎるとまた、もとの自分にがっかりしてしまうからです。

そして、自分を認めてあげつづけるためには、どんどん何かに挑戦し、成功しつづけることが必要になっていきます。

でも、これはなかなか大変なこと。

いつも自分の外側に何かをくっつけて、それで自分の価値を認めよう、というのですから、いつかは疲れてしまいます。

そんな必要など、実はないのです。

ただ、いまのあなたを、だらしなかったり、失敗したり、おっちょこちょいだったり、慌《あわ》てものだったり、なまけものだったり、美人でなかったり、スキーが下手だったりするあなた自身を、まるごと許し、愛し、好きになるだけでよいのです。

すると、なぜかすっと体の力が抜けてきます。

あ、私はこのままでよいのだと、本当に自分を許してあげると、涙が出てくるかもしれません。

いままで、このままではいけない、なんとかしなくては、こんな自分ではだめだ、などと、あなた自身からバッシングを受け、非難されていたあなたの心とからだが、ほっとしてクニャッととろけていくのです。

そう、自分を批判し、こんなではいけない、私はもっと努力しなければいけない、とあなたが思っているとき、あなたの心とからだは叱責《しっせき》のむちで打たれているかのように感じ、恐怖で縮こまっています。

私はこのままでいいのよ、とあなたが自分を許したとたん、からだも心もその恐怖から解放されるのです。

心とからだからこの恐怖が消えたとき、私たちはすっかり生まれ変わります。

いままで縮こまっていた細胞が大きく動き出して、何かが変わってきます。

恐怖によってさえぎられていた豊かな喜びや幸せの感情が、あなたのなかに流れこんできます。

それと共に、いままで、他の人との間に感じていた垣根《かきね》も、少しずつ、低くなっていきます。

からだや心があなたに対する恐怖から解放されたとき、あなたに対してだけでなく、他の人に対する恐怖、いろいろなことに対する恐怖も減っていくからです。

そして、自分が何を本当にやりたいのか、自分が本当は何を望んでいるのかも、少しずつ、わかってくるようになります。

自分の心の思いがわかるようになってくるからです。

そして、人生に対して、とても素直になってくるでしょう。

世界は私たちの味方であり、宇宙が私たちにすべてを用意してくれていることも、だんだんわかってきます。

だって、いいことがいっぱい起こってくるからです。

そして、自分に対する信頼と、宇宙に対する信頼が増していきます。

そして、ますます、いいことばかり、起こるようになっていくのです。

いいことばかりが起こる秘密2

それって本当のこと？　そうなのです。本当のことです。だって、私がこの二〇年間、ずっと体験しつづけていることだからです。

二〇年前、自分を好きになることが幸せになる鍵なのだ、と教えられてから、私は自分を許し、好きになり、愛し、大切にすることを学んできました。

この道は決して一直線でもなければ、あっという間にゴールインできる道でもありませんでした。

最初の一歩は特に大変でしたし、それからあとも、もう、これで私は十分に自分を愛せるようになった、と思ったとたんに、まだまだ自分を認めていない私、まだまだ自分を批判し、虐げている自分に気づいたりもしました。

そんな自分に気づき、そんな自分を許し、受けいれると、私の心とからだはさらにリラックスして、柔らかくなり、幸せになりました。

自分の思いや行動の枠《わく》に気づく

それまでの私は、自分に不安を感じたり、自分の現実に不満を感じたりすると、何か新しいことやいつもとは違うことをして、なんとか現状を変えようとしていました。

一つ憶えているのは、会社で働いていて仕事はうまくいっているけれど、どこか鬱《うつ》積《せき》した感じがあったときのことです。

どうしてよいかわからずに、私はその頃、話題になっていた映画を一人で観《み》にいきました。映画を一人で観るのは、映画を好きでない私にとっては、自分を変えることになるように思えたからです。

でも、一人で観た映画は、映画館がひどく寒かっただけで、私の状態や気分を変えてはくれませんでした。

その他、買い物をしたり、お酒を飲んでみたりしても、はかばかしい変化は起こりませんでした。

一念発起《いちねんほっき》して、当時、少しずつオフィスに入りはじめていたコンピュータの勉強を始めてみても、私の世界は広がってくれませんでした。

でも、**自分を見つめ、自分に気づき、自分の行動や思いの枠に気づきはじめたとたん、私の世界も生き方も、変化しはじめました。**

それまで当然だと思っていたことが、実は私の思いこみに過ぎなかったことがわかりました。

自分はこのようにしか生きられない、このようにしか行動できない、こんな人間でいるより仕方ない、と漠然《ばくぜん》と思っていたことが、実はどれも自分の選択に過ぎないこと、その気になれば、いくらでも違った生き方ができるし、行動も感じ方も変わってくるということが、わかったのでした。

つまり、自分に気づき、いわば自分の内面が変化することによって、私の行動や生き方が自然と変化していったのです。

行動や生き方だけでなく、もっと大切なことは、私の感情や、物事に対する反応の仕方まで、変わっていったことでした。

それまでは人に少しでも注意されたり批判されたりすると、落ち込んだりすねたりしていたのに、人の言葉を冷静に受けとめて、自分をもっとよく見るためのきっかけにできるようになりました。

それと同時に、喜びや楽しさをもっと強く深く感じるようになり、自然の美しさや人のやさしさにも敏感《びんかん》にもなりました。

なにも、いままでと違う行動をしようとしなくても、私はごく自然に、何をすべきか、何を自分はしたいのか、どうすればうまくいくのか、わかるようになっていきました。

自分のことをどう思っていますか?

好きですか?　嫌いですか?

愛していますか?　憎んでいますか?

なかなかいい線いっていると思っていますか？

自分なんて、って思っていますか？

他の人が羨ましくてたまりませんか？

それとも、自分に誇りをもっていますか？

自分自身でいることに安心していられますか？

自分はまだまだ不十分、と思っていますか？


自分自身が自分自身をどう思っているか、どのように評価しているか、きちんと見てみましょう。

それだけで、私たちは変わっていきます。

ともかく、やってみましょう。

少し時間をとってください。

書き出してみるのもいいでしょう。

それが出発点です。

うまくいかないことがあっても、だいじょうぶ

誰にも、だめな自分、と思っている部分があるものです。許せないところ、認めたくないところ、できれば隠しておきたいところなど、もしかして、たくさんもっているかもしれません。

そして、そこを他の人の目から隠すために、いいえ、自分の目からも隠すために、私たちはいろいろと策略《さくりゃく》をめぐらしているものです。

だめな自分を隠すために、自分の人生や生活を制限している場合もあります。

人とうまく話せないので、パーティーやクラス会には出ないようにしている、なんてこともあるかもしれません。

一度、失敗したので、また失敗するのではないか、また、恥をかくのではないかと怖れて、二度と再び、そのことに近づかないようにしているかもしれません。

もっと悪いことに、自分のだめなところばかり気にして、それを人の目から隠したい、自分の目からも隠しておきたいと思って、人生そのものに対して、とても消極的になっていることもあります。

初めての物事にチャレンジすることによって、自分のだめな部分が現われるのをほとんど無意識に怖れているからです。

「だめな私」をリラックスさせる

自分のだめな部分や不得意なところ、または失敗したことなどに直面しなければならないときに、その恐怖や不安がまた忍び寄ってきて、その時間をつらいものにしてしまうこともよくあります。

なんとか自分の苦手な部分を人に見せまい、自分でもなんとか及第点《きゅうだいてん》をつけようとして、一生懸命がんばります。

ちゃんと自分で知っている自分の弱点や苦手なところ、だめなところを無視しようともします。

でも、いくら一生懸命がんばっても、うまくいかないほうが多いものです。

私たちの心の底に、自分のだめな部分を隠そう、だめな部分を人に見られたくない、という怖れがあるからです。

本当は自分のだめなところ、苦手なところをそのまま認めてしまえばいいのです。

「私はこれが苦手なのよね。でも、それも認めるわ。それが私なのだもの」

というわけです。そして、その部分を抱きしめてあげましょう。

すると、「だめな私」がすっとリラックスします。

「あ、私もこれでいいのだ」と「だめな私」がほっとして明るくなるのです。

もう、こうなればしめたもの、リラックスしただめなあなたはもう、だめなあなたではなくなります。

あなたの個性となり、魅力となってしまいます。

そして、そのうち、だめなあなたは、素晴らしいあなたに変わっていくのです。

「見たくない自分」を隠しつづけることはできない

私はパーティーなどで人とお話するのが苦手でした。

私は魅力がない、人と面白いお話ができないと、ずっと悩んでいました。

いまでも思い出すのですが、大学時代に外国人もいるパーティーに行ったときのことです。友達は外国人の男性からいろいろ話しかけられているのに、私はずっと壁の花、一人さびしくみんなを眺《なが》めているだけでした。その体験はだめな私をもっともっと強化してしまいました。

それからは、「私は人とろくにお話もできない。誰も私に話しかけてくれない」という傷が、ことあるごとに顔を出すようになりました。

ところが、結婚したとき、私の夫は外交官をしていました。

外交官にとって、いろいろなパーティーは仕事の一部です。私も頻繁《ひんぱん》にカクテルパーティーやらディナーやらに参加する羽目《はめ》になったのです。

私は壁の花にならないように一生懸命がんばって、なんとか無事に三年間をすごすことができました。

でも、決してだめな自分を許したわけでもなければ、パーティーを楽しめるようになったわけでもありませんでした。

ただ、だめな自分を隠し、見ないようにしていたのです。

それから一〇年以上たって、「自分を愛しなさい」というメッセージをもらう少し前、私はまた、このだめな自分に対面しました。

そこには「人から受けいれられない私」「人に話しかけても、すぐにそっぽを向かれてしまう私」がいました。

自分で見たくない自分でした。しばらく忘れていたのに、まだ心のなかで大きな傷になっていて、その傷をまた、たわしで引っかかれたような気分でした。

私は自分を許せませんでした。

私にそっぽを向いた人を恨みました。もう人には会いたくない、と思いました。

もう、生きていけない、とさえ思いました。

私はだめな自分をずっと何年間も封印し、知らない振りをしていました。

そのあいだに、その「だめな私」という傷はどんどん私のなかで化膿《かのう》し、ひどくなっていて、もう一度、私の目に触れたときには、とても我慢できないものになっていたのです。

でも、傷が膿《う》んで大きく腫《は》れあがったとき、ありがたいことに、それは爆発して膿みを出しはじめるものです。

苦しみや悔しさの次にくるもの

私にも同じことが起きました。

苦しむだけ苦しむと、爆発するように私のなかにたまっていた悲しみや苦しみや悔しさ、そんなもろもろの感情や思いが噴出《ふんしゅつ》しました。

それが終わると、私はすっきりしていました。

自分のなかにあった怖れにも気がつきました。

そして、そんな自分を許すことができました。

「人と話せなくてもいいじゃない。一人でいてもいいじゃない」と思えました。

私はだめな自分を許したのです。

認めたのです。

それもまたいいよね、と自分で受けいれることができたのでした。

そうすると、パーティーも苦痛ではなくなりました。

自分が話したい人と話せばいい、と思えるようになりました。

だから、いまは遠くに誰か、お話したいと思う人がいると、すっとその人のところにいき、自己紹介して聞きたいこと、話したいことをおしゃべりできるようになりました。

誰も話しかけてこないときや、話したいと思う人がいなかったり、または話してみたいと思う人が誰か他の人と話しているときなどは、そこにいる人たちを見ながら、一人で楽しめるようになりました。

さらに、いろいろな人から話しかけられるようになったのです!!

私の心もからだもリラックスして、きっと楽しいオーラを発しはじめたからでしょう。だめな自分を隠そう、なんとか努力して違うように見せようと思っていたときは、私の心も体もきゅっと縮まって、みんなを寄せつけない防御《ぼうぎょ》のオーラを発していたのだと思います。

人とお話がうまくできない、パーティーで独《ひと》りぼっちになってしまう、なんて大したことだとは思えませんが、なんと、私の人生をひどく惨めなものにしていた「だめな私」の部分だったのです。

だめな自分をそのまま認めてあげることができたとき、私の人生は大きく変わっていきました。

そして、一回、だめな自分を許し、認めてあげるという体験をしてからは、それ以外のだめな自分を見ることも、それまでよりは楽にできるようになりました。

そして、だめな自分に気づくたびに、それを受けいれ、許すことも上手になっていきました。

そして、それと共に、どんどん平和で穏やかな気持ちで生きていけるようになったのです。

だめな自分、嫌な自分を許すなんて、とてもできないと思うあなたもいるかもしれません。

そんなときは、そのままでいいのです。そう思っている自分を認めてあげればよいのです。

だめな自分を隠したい、だめな自分を受けいれたくない、だめな自分を愛するなんてとんでもない、と感じるのであれば、いろいろ努力してその自分を隠したり、うまくいく自分を演じたり、変えたりする努力をしてみてください。

私たちはいま、そのままでいいのですから。

だめな自分を受けいれないばかりに、それがつらくなりすぎたとき、そんなときには、いま、私がお話していることを思い出してください。

何か、ヒントになるかもしれませんよ。

第4章

Chapter 4

自分の好きなことを、好きなとおりに

――それを始めるチャンスに気づきなさい

からだと心の声を聞こう

では、自分を大切にするって、どのようなことでしょうか。

もちろん、基本的には自分は自分にとって、かけがえのない、一人しかいない存在であり、無限の価値をもっているということに気づくことです。

でも、実生活で実際に自分を大切にする方法を知ることもとても大切です。少し、お話ししましょうか。

無理しすぎていませんか

まず第一は、自分のからだの言うことをきちんと聞いてあげる、ということです。

私たちのからだは、いつも私たちに語りかけています。いろいろなサインを出しては、私たちにちゃんとそのサインを読み取ってほしいと願っています。

でも、私たちの多くは、そのサインの読み方を忘れてしまっているか、無視するかしています。

そして、からだの発するサインを読み取れなかったり、その言葉を聞き取れなかったりするのです。

からだが疲れているとき、私たちは仕事がうまくいかなくなったり、眠くなったり、食欲がなくなったり、風邪を引いたりします。

そんなとき、からだは「少し疲れたから休ませてね」というサインを出しているのです。

でも、私たちはそのサインを無視して突っ走ることがよくあります。

風邪気味だけれども、風邪薬を飲んで会社を休まないようにしよう、眠くて仕方ないけれど、濃いコーヒーを飲んだり、タバコを吸ったりして、眠気を払ってしまおう、食欲がないし、胃も重いけれど胃の薬を飲んでもっと食べて、元気になろう、などなど。

でも、そんなことをしても、からだの疲れは治りません。

からだが悲鳴をあげているのに、休ませてあげずに無理を重ねてしまう。

そんなことはありませんか。

そうすると、からだはどんどん疲れをためていきます。

そして、ついに、本当に病気になってしまいます。

からだの声に耳を傾け、からだが欲していることを、ちゃんと実行してあげる、それは自分を大切にするための、とても基本的な要件です。

それは休養だけでなく、反対にもっと運動をしてほしい、もっと活動的になってほしい、もっとよい食事をとってほしい、食べ過ぎはやめてほしい、もっと食べてほしいなど、からだの要求はいろいろあるでしょう。

からだは必ず、自分のバランスを保つために、私たちにいろいろなサインを出しています。

そのサインに、からだの要求に耳を傾けてあげましょう。

自分のことは自分が知っている？

そして、心のサインや要求に耳を傾けることも、同じように大切です。

私たちは、自分は自分のことをいちばんよくわかっている、と思いがちです。よくわかっているところもきっとあるでしょう。

でも、結構、私たちは自分が何を本当に望んでいるか、何をやりたがっているのか、何が嫌なのか、わからないことも多いのです。

私たちはこれまでの人生で教えこまれたり、自分で信じこんでしまったことなどで、頭でこれが正しい、こうあるべきだと思いこんでしまい、自分の心にはかなっていないことや、事の流れとは外れていることに、執着《しゅうちゃく》していることもよくあります。

いつも、自分の心の声に耳を傾けましょう。

それにはまず、静かな時間を自分にあげることが大切です。音楽を聞きながら、おフロに入りながら、静かに自分自身と一緒にいる、そんな時間を持ってみましょう。

それと、呼吸もとても大切です。私たちの呼吸はふだん、とても浅くなっています。十分に酸素を取り入れることができずに、私たちは常に酸欠状態になっていて、イライラしたり、物事がはっきり認識できなくなったりしています。

一日一回は、大きな深呼吸をしましょう。できれば三回、深く大きく息を吸って、ゆっくりと全部吐き出すのです。するとイライラやあせりや不安が静まって、心の声が聞きやすくなるでしょう。

特に、何かがうまくいかないときは、外側に解決を求めるよりも、一回、思い切り深呼吸して、心の声に、サインに、耳と目を向けてみてください。

心は必ず、何かを教えてくれます。

直観《ちょっかん》を大切にしよう

そして、もっと直観を大切にしましょう。

直観とは、理由はないけれど、こうではないかしら、とふと思ったり感じたりすることです。

いちばんよくあるのは、「あの人に電話をかけないと」と思ったとたん、その当人から電話がかかってくる、といったことです。

直観というのは、宇宙からの私たちへのメッセージや、誰かからのテレパシーのようなものです。

直観は、ときにはあなたの頭が考えていることと違っているかもしれません。

直観は「こうするとうまくいきそうだ」と言っているのに、いままでの習慣や考え方からすると、それはうまくいきそうになかったり、危険すぎたりするように見えるかもしれません。

でも、こんど、そんなことがあったら、直観に従ってみましょう。

どうなるでしょうか。

この直観を大切にする、ということも、自分を大切にし、自分を信じることの一つだということができます。

そして、これは人生をシンプルに、そして安心してイキイキとすごすためには、とても大切なコツでもあるのです。

人生に「偶然」はない

直観というと、心にふと思い浮かんだこと、という感じですが、もう一つ、とても大切な直観の使い方を憶えておいてください。

偶然の一致、または共時性《きょうじせい》といわれているものです。

同じ人に一日に何回も会ってしまった、同じ映画の話をいろいろな人から聞いてしまった、ある本の広告を見たと思ったら、その本のことを誰かが話していて、しかも本屋さんに入ったら、その本が目の前にあった、なんていう体験はありませんか。

このようなときには、「その人に話しかけてみなさい」「その本を読みなさい」「その映画を見なさい」という宇宙からのメッセージなのです。

私たちはこのような宇宙の言葉や、自分の心の言葉を理解することを、しばらく忘れていました。

いま、それを思い出すときが来ています。

さあ、試してみましょう。

世界がいままでとは違って見えてくるでしょう。

そして、何かがあなたの人生に起こりはじめます。

もっと自分を愛し、大切にし、信じることができるようになるでしょう。

自分のやりたいことを、やりたいように

あなたは自分の好きなことを、好きなようにやっていいのです。

自分がやりたいと思うことを、やりたいようにやっていいのです。

社会や他人に縛られる必要など、少しもありません。

こうあるべきだ、あのように生きなければいけない、などということはありません。

だって、私たちはみんな一人ずつ違うし、私たちは一人ずつ、得意なこと、不得意なこと、興味のあることないこと、それぞれに別々だからです。


あなたはいったい、何をやりたいですか。

何になりたいですか。

どのように生きたいですか。

こうした問いかけにすぐ答えられるようだったら、いますぐ、その道を歩みはじめましょう。

宇宙のすべてが助けてくれる

最初はどのように始めればいいか、わからないかもしれません。

でも、きっと、自分の好きなことを始めようと決心すると、どのように始めればいいか、どこにいけばいいか、わかってくるものです。

そして、どこからか、必要な情報や助けがやってきます。

ただし、あなたのやりたいことがあなたのエゴからきたものであるときには、その限りではありません。

それがあなたの心からの望みであり、宇宙の法則に一致しているときに、そのようなことは起こってきます。

私たちが『アウト・オン・ア・リム』という本を突然、翻訳しようと思ったときがそうでした。夫と私は二人とも、「この本を日本語に訳したい」と思ったのです。自分のやりたいことが見つかったのです。でも、本を翻訳したこともなければ、本を出版するにはどうすればいいのかも、全然知りませんでした。

そのうえ、私たちはアメリカ、ワシントンDCにいました。いまと違って、Eメールもなく、日本と連絡するには、電話か手紙しかありませんでした。

でも、私たちが「この本を訳したい。いや、訳そう」と決心したとたん、いろいろな動きが出てきました。

アメリカの出版社が、「版権を日本の出版社にとってもらって、あなたたちが翻訳すればいいのよ」と教えてくれました。

では、日本のどの出版社にどのようにアプローチすればいいのかと、遠いワシントンで思案《しあん》していると、夫の友人が出版社を紹介してくれました。

そして、話はとんとん拍子《びょうし》に進み、翻訳できるようになりました。

これは私たちの体験ですが、このような話は私たちの友人からよく聞きます。

私たちが訳した本の一つに、パウロ・コエーリョというブラジルの作家が書いた

『アルケミスト』という童話のような本があります。このなかにも、「お前が何かを望めば、宇宙のすべてが協力して、それを実現するように助けてくれるよ」という言葉が出てきます。

そして、これは本当のことです。もっとも、すぐに望みがかなうとは限りません。望みがかなうまでに、私たちはもっといっぱい体験すべきことがあるかもしれず、もっとたくさん、学ばなければならないことがあるかもしれないからです。

でも、確実に、**ゴールを指し示すサインが、あなたの前に現われてくるのです。**

「時」は必ずやってくる

もしかして、最初はうまくいかないかもしれません。

いろいろな障害が出てくるかもしれません。試練が山ほど来るかもしれません。

でも、本当にそれがあなたのやりたいことであり、好きなことであるならば、どんな試練も障害も克服できます。

そして、そのたびに、どこからか救いの手が現われたり、いままで思ってもみなかった力が自分のなかから湧き出てくることに気がつくでしょう。

そして、もし、そこであなたがくじけてしまったとしたら、もう一度、自分に聞く必要があります。

「私は本当にこのことをやりたかったのだろうか。

私は本当にこれが好きなのだろうか」

もしその答えがやはり、イエスであったならば、まだ、あなたの「時」が来ていなかったのかもしれません。

あなたはまだ、他のことをやらなければならなくて、そのことに取りかかるのは早すぎたのかもしれません。

すべてのことには「時」があります。

もうしばらく、「時」を待つ必要があるのかもしれません。

もし、「私は本当はこのことはそれほどやりたくはなかった。それほど好きでもなかった」とわかったら、それはそれでいいのです。

本当に自分がやりたいこと、好きなことが他のことだとわかるための、一つのプロセスだったのですから。

あなたにとって、とても大切な学びを与えてくれた体験だったのです。

そして、もっと言えば、ゴール、つまり私たちの望みややりたいことの実現よりも、そこに至るプロセスのほうがもっと大切だったりします。

そのプロセスで、私たちは自分自身をよりよく知り、より深く生きることを学ぶことができるからです。

いま、あなたには何か、ぜひ、やりたいことはありますか。

心から好きなことがありますか。

もし、そうであるならば、その夢を、思いを必ず実現するように、忘れないようにしましょう。そしていま、そのための第一歩を踏み出しませんか。

いますぐにできなくてもいい

自分はいったい何が好きなのか、やりたいことは何なのか、わからないこともあります。

そんな人も割合と多いのです。自分が何をしたいのかわからなくても、大丈夫です。

それもきっと理由があるからです。

いろいろなことを試してみるために、本当にやりたいことを一時的に忘れているのかもしれません。

人生をもっと自由に、柔軟《じゅうなん》に生きるために、特別に好きなこと、どうしてもやりたいことをもっていない人だって、いるかもしれません。

柳のように、風任せに生き、自分に訪れる物事にしなやかに即応《そくおう》していく人生だってあるでしょう。

でも、**自分の好きなこと、やりたいことがわからないときは、まず、子どものときに何が好きだったか、どんな子どもだったか、思い出してみてください。**

少しずつ近づいていく

子どもの頃、「大人になったら何になりたい？」とよく聞かれましたね。

そんなとき、何と答えていましたか。

子どもの思いつきかもしれませんが、もしかして、あなたの心の思いが素直に表現されていたかもしれません。

私は子どもの頃、作家になりたい、と思っていました。

でも、途中でその夢はすっかり消えて、全然違う道を歩んでいました。

でも、どこかでその夢が残っていたのでしょうか、気がつくと、少しずつ『物を書く』という方向に仕事を選んでいました。

そして、いつか、翻訳をしていました。

作家とは違うし、いまから作家になるとは思えませんが、文章を書き、本を出すという意味では、子どもの頃の夢が実現しています。

子どもの頃に好きだったこと、やりたかったこと、なりたかったものを思い出すと、好きなこと、やりたいことなども、そこにヒントがあるかもしれません。

そして、**自分がいまやっていること、いままでやってきたことと、子どもの頃に好きだったこと、夢だったことを照らし合わせてみてください。**

もしかして、私のように、どこかで自分の夢の実現に向かって、ほとんど無意識に道を歩んでいるかもしれません。

それに気づいたら、こんどは意識的にその方向に歩みはじめればいいのです。そうすれば、夢の実現は速度を速めていくでしょう。

もし、それでも何もヒントが見つからないときは、何でもやってみることです。

チャンスがあれば、人から誘われたら、少しでも魅力を感じたら、何でもやってみるのです。そのためには、心をオープンにして、自分に必要な情報が入ってくるようにしましょう。

直観と共時性の導き

前にもお話した、直観を磨くことも大切になってきます。

特に、共時性、つまり偶然の一致は、私たちに大切なことを教えてくれます。

もし、短いあいだに、同じことを何人もの人から聞いたり、そのことに関する新聞記事や雑誌の記事が目に入ったとしたら、それは、そのことがあなたにとって、大切であるというサインです。

私は五年ほど前から、ドルフィン・スウィムを始めて、このところ、毎年ハワイやバハマでイルカと泳いでいます。

でも、それ以前には、「イルカと一緒に泳いで癒《いや》されるなんて変よね」と思っていました。自分がそんなことをするなんて、夢にも思っていませんでした。全然関係のないことだと、頭から信じていました。それに、私は泳ぐのが苦手で、海で泳ぐなんて、怖くてできませんでした。

それがあるとき、急にイルカの話ばかり、聞くようになりました。

お友達の家に行くと、イルカの置物がいっぱいありました。

ホテルの売店に行くと、イルカのおもちゃばかりありました。

町を歩くと、イルカのポスターが目に入りました。

「私、イルカが大好き」という人と、何人も会いました。

イルカねえ、と私のなかで、急にイルカの姿が大きくなりました。

そして、ふと、イルカと一緒に泳ぐのもいいかもしれない、と思ったのです。

ある日、私もコラムをもっている雑誌を見ていると、当時、ドルフィン・スウィムで有名だった野崎友璃香《のざきゆりか》さんが、私たちの訳した本を紹介してくださっていることを知りました。

そうか、友璃香さんにドルフィン・スウィムを教われればいいのだ、と私は思いました。そしてすぐに、彼女のホームページを開きました。

すると、一ヶ月後に、ハワイで彼女のドルフィンツアーがあることがわかりました。

もちろん、私はすぐに、問い合わせました。

「もう満席ですが、今日、一人キャンセルが出そうです。これから調べて、もし本当にキャンセルになっていたら、あなたを入れてあげましょう」と、担当の方が言いました。そして、もちろん、そのツアーに私は行けたのです。

わかってみると、それはとても人気のあるツアーで、すでに四ヶ月前くらいには満員になっていたそうです。しかも、定員はわずか一〇人でした。なんと、ラッキーなことでしょうか。

そのツアー以来、私は海もイルカも大好きになって、毎年、泳ぎにいくようになりました。これは単なる趣味に過ぎませんが、でも、私の人生をあらゆる意味で変えてしまいました。

水が苦手だった私が、海を楽しんでいます。

イルカと泳ぐことによって、イルカと交流し、自然とのつながりや一体感を体験できました。

そして、ハワイという強力な磁場《じば》に何回も行くことによって、自分のなかを浄化《じょうか》し、癒すこともできました。

共時性や直観の導きによって、人生そのもの、仕事そのものが変わってしまった人もいっぱいいます。

あなただけに伝わるメッセージ

それまで、絵を描いたことがなかったのに、自分の直観と共時性の導きによって、画家になってしまったという人に何人も会ったことがあります。

チベットベルの響きを聞いたとたん、自分は音楽家になることになっていたと気がついて、やはりそれまで音楽とは無関係だったのに、音楽家になった人も知っています。

だから、いま、自分が何をやりたいのか、何が好きなのか知らなくても、心配する必要はありません。

それはいま、どこかに眠っているだけなのです。

まだ、そのときが来ていないだけかもしれません。

いつか、何かのサインが、何かの刺激が、急にそれを目覚めさせて、あなたの人生を変えはじめるかもしれません。

それまでは、いま、あなたが思うように、あなたが感じるように、そしてあなたのそのままで、毎日を、その一瞬一瞬を、大切にすごしましょう。

いまの一瞬こそが、あなたが生きているいまです。

そして、その一瞬一瞬を心をこめて生きること、それが実はいちばん大切なことだからです。

第5章

Chapter 5

自分らしく
生きるということ

——人生は勝ち負けゲームじゃない

誰かのようにならなくていい

「常にあなた自身でありなさい。

他の人のようになろうと思ってはいけません。

一つの世界を作るには、あらゆる要素が必要です。

あなたがたが、さやのなかの豆のように、みな同じであって欲しいとは思いません。

あなたがたがみな異なっていて、それぞれ自分に見合った仕事をし、自分に適した役割を果たしながら、全体と完全に調和していることが望ましいのです」


（アイリーン・キャディ『心の扉を開く』日本教文社）

これはスコットランドにあるフィンドホーンという新しい生き方を目指している共同体の創設者、アイリーン・キャディの言葉です。

自分らしく生きるには、というテーマを書こうとしていたとき、私はこの言葉を目にしました。この言葉はまさに、私たちがどうあるべきか、どのように生きればいいのかを、端的《たんてき》に言いあらわしています。

私たちは他の人のようになる必要はありません。

どんなに隣の人が魅力的に見えても、優《すぐ》れて見えても、あなたがその人のようになる必要など、どこにもありません。

そんなことはきっと無理だし、しかもアイリーンも言うように、そんなふうに思うべきことではないのです。

あなたはあなた自身でいればいいのです

あなたは宇宙にただ一人しかいない、ユニークで大切な人だからです。

あなたには、あなたにしかない優れたところと、魅力と、個性があります。

隣の人がどんなに魅力的で優れていようと、あなたもまた、その人にない魅力と優れたところをもっています。

それがあなたの個性であり、あなたが宇宙から与えられた素晴らしさであり、世界のために役に立つ特質なのです。

さらに、あなたは他の人があなたをどのように見ているかによって、つまり、人の評価によって生きる必要もありません。

他人から高く評価されるために自分を変えようとしたり、やりたくもないことを努力したり、自分に何かをつけ加えようとしてはいけません。

そして、**人の期待にこたえる必要もありません。**

人は勝手にあなたに期待するだけです。

その期待と、あなた自身の思いが同じであれば、幸いです。

あなたは自分の思いをかなえるだけで、人の期待にもそえるからです。

でも、もし、人のあなたに対する期待があなたの思いと違うようであれば、人の期待にそうように自分を変えるのはやめたほうがよいでしょう。

自分の人生は自分の人生なのです。そして、あなたが自分の思いを実現したとき、人の期待にもこたえていることにきっと、気がつくでしょう。

誰からも評価してもらえないと感じるとき

私は若い頃、いつも、誰か他の人を見ては、なぜ、自分はあのように生まれていないのだろうかと、悩んでいました。

あの人のように美人だったらよかったのに、この人のように朗《ほが》らかで明るければよかったのに、スポーツがうまければよかったのに、くよくよしない性格だったらよかったのにと、いつも他の人が羨ましくてたまりませんでした。

どうして自分はこんなに暗い性格に生まれたのだろうか、なぜ、お母さんは私をもっと美人に生んでくれなかったのだろうかなどと、つい考えこんだりもしました。

こんなふうに生まれついた自分は不幸だとさえ、思ったこともありました。

自分自身の性格や外見を、そのまま受けいれて、ありのままの自分であることを許せなかったのです。

そして、他人の評価によって、生きていました。

私は学校の勉強がよくできた子どもでした。

そして、成績がよく、先生から褒められ、高く評価されるということがとても重要でした。

高校生のとき、数学の成績が一段階、自分で思ったよりも低かったことがありました。

そのときのショックといったら、いまでも憶えているほどです。私は身も世もないほどに、嘆《なげ》きました。先生に十分に評価されなかったことで、私は自分が完全に否定されたように感じて、どうすればいいか、わからなくなったのです。

自分を褒めてあげることもできませんでした。

私は完全に人の評価によって生きていて、人から十分に評価されないと感じると、ひどく落ちこんで、生きている心地もしないほどでした。

そして、人の期待にそうように生きていました。

その頃は母や父の期待、そして学校の先生や友達の期待にそうために生きていたのです。

そして、人の期待に応えることによって、自分自身を許し、自分を良しとすることができました。

大学に入るときがそうでした。

自分の思いよりも、両親や学校の先生や友達の期待にそうために、大学を選びました。もしかして、自分の思いなど、何一つなかったかもしれません。

あまりにも、社会や学校や両親の期待や常識に毒されていて、いったい、自分が何をやりたいのか、どのような人になりたいのか、そして何よりも、私がどんな人間なのかも、全くわかっていなかったからです。

「自分は自分でいい」という発見

それもまた、それでよかったと思います。

でも、そんな人生を続けていると、知らないあいだにどんどんストレスがたまり、自分の魂と自分の生き方に食い違いが出てきます。

いつか、その食い違いを見つけだし、たまりにたまったストレスを解放することが必要になってきたのです。

そして、私の場合はやっと四〇歳になって、自分自身に気づき、自分の生きる道を少しずつ、見つけだすことができたのでした。

私たちは自分自身でいればいいのです。

他の人がどんなに羨ましくても、どんなに素晴らしく見えても、自分は自分でいいのだ、自分にはとても素晴らしい才能と魅力と実力と個性が備わっている、その自分がもっている才能を見つけだし、磨き、発揮することこそが大切なのだ、ということさえ忘れなければ、私たちはいつか、自分を生かす道を発見できるはずです。

私たちは自分らしく生きればいいのです。

他の人を真似《まね》する必要などありません。

他の人の評価を気にすることもありません。

これは、ほかの人の評価を無視しなさいということではありません。

私たちは自分を客観的に見ることが苦手です。

自分には見えなくても、人からはよくわかるところはいっぱいあります。
人からの評価や批判や褒め言葉は、自分を見るときの参考にすればよいのです。
でも、人の言葉によって、自分の価値を計るのはやめましょう。
あなたはいるだけで完全に価値があり、素晴らしいのです。

子どもはみんな、「自分」で生きている

私はこのことをわかるまでに、長い時間がかかりました。

まだ小学校にいく前の私は、とても自由で明るくて元気で、自分の好きなように行動していました。つまり、普通の子どもでした。

子どもはみんな、自分自身でいることができるからです。

それが学校にゆき、いろいろと外側から評価されるようになり、どのようにすると褒められるか、どのようにすると叱られるか、子どもながらに学んでいくうちに、悲しいかな、本来の自分自身でいることを忘れていったのです。

そして、他の人を羨み、自分でないものに憧《あこが》れるようになり、人の評価が何よりも

大切になり、自分が何をしたいのかも、わからなくなってしまいました。

そして、人の期待や社会の期待にこたえることが、自分を生かす道だと、どこかで信じこんでしまったのでしょう。

そして、そのままずっと生きていました。

自分自身を否定し、自分自身がなにものであるかもわからなくなり、ほかの人ばかりよく見えるようになり、唯一、自分を許せるときは、人から高い評価を得たときだけ、という状態が、ずっと続きました。

そのあいだは、私はいつもイライラしていました。

不安でした。

恐怖もありました。

心のなかはいつもあわ立っていて、少しでも刺激されると、爆発しそうでした。

少しでも他の人にけなされると、すっかり自信を失いました。

でも、その私も、「自分自身であればいい、自分らしく生きればいい」ということを、四〇歳になる頃、やっと思い出しはじめたのでした。

それまでには、長い時間がかかりました。

いっぱい遠回りをしてきました。

人生に「間違い」はない

いま思えば、それはすべて、私にとって、本当の自分に気づくためのどれも必要なプロセスでした。

一見、遠回りで余計なことに思える道も、私たちにとって、かけがえのない人生の一ページです。

しかも何一つ、間違いのない一ページなのです。

いま、あなたが自分を嫌っていて、自分自身でいることがつらくても、他の人のようになろうと一生懸命だったとしても、それはそれで、あなたには必要な一場面であり、一つのプロセスなのです。

実はそれ自体が、あなたが自分で選んだかけがえのない生き方です。

そう、いまのあなたの生き方、人生は、あなたにとって、かけがえのない、この宇宙で一つしかない大切な人生の一場面です。

必要なことは、いまの人生を一瞬一瞬、誠実に、心をこめて生きることだけです。

そうするといつか、自分がどのように生きているか、本当に自分自身でいるのかどうか、きっと見えてくるでしょう。

そして、もし、いまがそのときであれば、あなたの人生はいまから、いま、この一瞬から変わってきます。

少しずつ、でも確実に、人生はあなたを本当に生かす道に向かって、方向を変えていくでしょう。

あなたがいま、「私は大切な人です」ということを信じられなくても、大丈夫です。

まだ、「私なんか」と思うあなたがいても、それも大丈夫。

少なくとも、あなたは「私は大切な人なんです」という言葉を知ったのですから。

その言葉はあなたの心のなかにそっと着陸して、少しずつ、あなたの心を溶かしていくでしょう。

あなたがすべきことはさっきも言ったように、いま、自分がしていることを、誠実に、一つずつしっかりと行うことだけです。

そして、もし、できれば、自分がそのとき、どのように感じているか、あなたの心のなかにはどのような感情があるか、あなたの心は平和で安らいでいるか、それとも、不安と怖れで波立っているか、見てみましょう。

いま、あなたはどんな気持ち？

私たちは自分がどのように感じているか、それを知るのがとても不得意です。
自分が考えていることを合理的に話すことが大切だと、教えこまれているからです。
自分の不安や恐怖、喜びや幸せを感じることを、大切にしていません。
ブルース・リーの映画にもありました。
カンフーの先生役のブルース・リーが、生徒の少年に向かって言いました。
「私が聞きたいのは、お前が何を考えているかではなく、何を感じているかだよ」
私たちはいつも頭をクルクルと使って、いろいろ考えてばかりいます。
自分がいま、どんな気持ちでいるのか、怒っているのか、喜んでいるのか、どきどきしているのか、怖がっているのか、悲しんでいるのか、よくわからないこともあれば、わかっていてもそんなことは大したことではない、そんなことに気を紛《まぎ》らわせるのはよくないことだ、もっと頭で真面目なことを考えるべきだ、などと思って、無視したりしています。

感情に敏感になる

私はその昔、自分自身をもっとよく見てみましょう、というセミナーに参加したことがありました。

そこでは、

「いま、あなたはどんな気持ち？　何を感じているの？」

と何回も聞かれました。

すると、ほとんどの人はなんとか頭で考えて、その答えを見つけようとしました。

「僕はこう思います。こう考えます」などと言うのです。

するとまた、

「あなたはいま、何を感じているの？」

と聞かれます。

「いま、何を感じているの？」というのは、いま、その瞬間、あなたの気持ちやからだは何を感じていますか？　ということです。

でも、みんな、何を聞かれたのかわかりませんでした。

そんなとき、ほとんどの人はどきどきしています。

どうしていいか、わからなくなっている人もいます。

そうしたら、それがいま、その人が感じていることです。

「どきどきしています。どうしていいか、わからない気持ちです」

と答えればいいのです。

もし、みんなの視線が怖かったら、そう言えばいいのです。

私たちが自分の感覚や感情にもっと敏感になったとき、いったい自分が何を望んでいるのか、いま、自分が言っていることが果たして自分にとってどんな意味をもっているのか、もっとよくわかるようになります。

そして、私たちは社会や教育によって教えこまれた価値観ではなく、**自分にとって大切かどうか、自分にとって幸せかどうか、平和でいられるかどうかによって、物事を判断できるようになるでしょう。**

なぜならば、心やからだは私たちにウソをつかないからです。

もし、自分が好きでないことをやろうとすると、体は正直に反応するものです。だるくなったり、力が出なくなったりします。

頭ではこれは自分にはいいことだ、利益になる、と思っても、本当はよいことでもなく、心からやりたいことでもないときには、心もからだも喜んでくれません。気持ちが晴れ晴れしなかったり、体が重くなったりするものです。

だから、何をしていても、自分の気持ちや感情や感覚に耳を傾けてください。

自分の身体が何を伝えようとしているかに、敏感になりましょう。

その練習をしているうちに、自分のことがわかるようになってきます。

そして、自然に自分を大切にしはじめているあなたに気がつくことでしょう。

そして、自分らしく生きましょう。

自分自身でいましょう。

他人のようになることはやめましょう。

あなたの個性を生きましょう。

素敵な自分も、だめな自分も、平凡な自分も、少し変わり者の自分も、全部あなたです。

宇宙にただ一人しかいない、かけがえのないあなた自身です。

そして、あなた自身を生きるとき、あなたは自分のもつ力を発揮《はつき》することができます。

自分自身を生きているから、自分のそのままをこの世界に与えているからです。

あなたが望む「幸せ」を手に入れなさい

あなたは幸せですか。
幸せって、どこからくるのでしょうか。
素敵なボーイフレンドがいて幸せ、という人もいます。
いい仕事をもっていて幸せ、という人もいます。
かわいい子どもたちがいて幸せ、というお母さんもいます。
お金がいっぱいあって幸せ、ということもあるでしょう。
大成功して、人に知られるようになったので、幸せという人もいます。
こうした外側の事情があなたの幸せをつくっているのでしょうか。

ボーイフレンドは心変わりして、あなたのもとを去るかもしれません。

いい仕事だと思っていたのに、上司が変わったとたん、仕事がつらくなるかもしれません。

かわいい子どもたちだと思っていたら、ひどい反抗期になって、お母さんは幸せどころではなくなるかもしれません。

お金だって、当てになりません。

大成功して人に知られるようになったのに、こんどはそれを失うのが怖くなって、おちおち眠れなくなるかもしれません。

もうご存じのように、**幸せは私たちの外側から来るものではありません。**

いくらお金があっても、いくらいい仕事をもっていても、いくら大成功をしていても、不幸せな人はいっぱいいます。

反対に、お金があまりなくても、人から見るとつまらない仕事をしていても、社会的には成功しているとは言えなくても、幸せな人はいっぱいいます。

すべては宇宙の、周囲の人の、そして私の、おかげ

私はいまはとても幸せです。

幸いなことに、外側のこと、お金とか仕事とか、成功などについても、私は十分に恵まれています。

だから幸せというところもあると思います。

でも、二〇年前、私はいまと同じくらい、お金も仕事も成功も手にしていたのですが、いまと比べると幸せではありませんでした。

不幸だとは思っていなかったけれど、幸せ感というのでしょうか、やさしさに包まれているような温かい気持ちは、もっていなかったように思います。

幸せを感じている人には、共通したものがあるようです。

自分が好き、自分を愛している。

自分にも人にも、そしてまわりのものすべてに感謝している。

自分はとても運がいい、恵まれていると思っている。

自分をどこかでよく知っている。

自分が何を求め、何をやりたいのか、どこかで知っている。

幸せな人がこうしたことを意識的に感じているかどうかは、人によって違います。

何も面倒なことを言わなくても、とても幸せだと感じている人もいっぱいいます。

でも、その人たちをよく見ていると、人生に対して、自分に対して、とても肯定的です。そして、何よりも、**自分が置かれた状況に、自分の周囲の人々や物事に、心から感謝しています。**

私が幸せ感を感じていなかったときのことを思うと、まず、私は自分が嫌いでした。

人のことをいつも羨ましく思っていました。

とても恵まれた状況にいたのに、そのことにほとんど感謝していませんでした。

そんなこと、当然だと思っていたのです。

むしろ、もっとよい、もっと恵まれた状況にいない自分に、不満を感じていました。

でも、いまは違います。

私は自分が好きです。

ときどき、こんな自分はあまり好きでないなあ、ということもありますが、そんなときでも、私は自分を許しているし、そんなことを思う自分を愛しています。

人のことも、あの人は素敵だな、いいな、と思うことはいつもですが、それは羨ましかったり、嫉妬したりするのではなく、その人たちを賞賛《しょうさん》しているだけです。

そして、すべてに感謝できるようになりました。

いまの状況が当たり前であるとか、自分はこうした立場にいるのが当然、という思いもありません。

すべては宇宙の計《はか》らいであり、周囲の人たちのおかげであり、これまで生きてきた私の人生のおかげであると感じています。

そして、そのことに、深く感謝しています。

自分を好きになる決心

幸せになりたいとき、まず大切なことは、自分を好きになること、自分を愛すること、自分を大切にすることです。

自分がこの宇宙にたった一人しかいない、かけがえのない存在であることを、心の底から知ることです。

これはもしかして、あなたには難しいことかもしれません。

でも、**もし、あなたが自分が自分を嫌っていることに気づいたとしたら、それが幸せになるための出発点です。**

そして、「自分を好きになる」と決心したとき、あなたは幸せへの第一歩を踏み出したのです。

まず、自分自身を抱きしめる

ときどき、自分を好きになる、自分を愛してあげるって、どうすればよいのでしょうか、と聞かれることがあります。私の体験からお話してみましょう。

私は自分が大嫌いでした。それに気がついたとき、まず、これではいけない、自分を好きになろう、愛してあげようと、決心しました。でも、それは簡単ではありませんでした。

まず、どうすればいいのか、私はわかりませんでした。

自分を見つめれば見つめるほど、自分が嫌いな自分がいました。

でも、そんなことがしばらく続いて、あるとき、はっと、いままでよりも自分を許している自分がいました。

嫌いなところも私は許していたのです。

そして、何か余裕ができて、リラックスしている私がいました。

それでもういいかな、私はまだ自分を好きではないけれど、許せるようになっただけ、生きていくのが楽になった、という感じでした。

でも、まだ、先がありました。

自分を嫌っている理由がわかったのです。

私の場合は、以前にもお話したように、女の子に生まれたために、自分は生きていてはいけない子なのだ、と無意識で思いこんでいたためでした。

そのことがわかったとき、私は本当の意味で、自分を愛しはじめました。

自分を抱きしめて、「生きていていいのよ、あなたは大切な人なのよ」と言ってあげることができたのです。

でも、それはほんの始まりでした。

自分を一〇〇パーセント許し、一〇〇パーセント愛せるようになるまでには、時間がかかりました。

自分のなかにある「自分なんて」という感覚、自分は価値がないという思いに、私は何回も出会っては、それを許し、それもまた、私の一部であると認めてあげることによって、その思いを溶かしてきたのです。

いまでも、まだ、そのプロセスは続いているのかもしれません。

この体験から、私は次のように考えています。

もし、自分を愛したいと思ったならば、自分自身を客観的に見てみます。

そして、その自分の姿を、自分がどのように思っているか、調べます。

自分が好きですか。

嫌いですか。

素敵だと思っていますか。

人より劣っていると思っていますか。

人よりずっと優れていると思っていますか。

自分を自分がどのように評価しているか、きちんと見つめましょう。

どんな自分も、すべてOK

次にすべきことは、どんな自分も許してあげることです。

自分を嫌いな自分も、自分は劣っていると思っている自分も、すべて、許すのです。

そして、それでいいのよ、それがかけがえのない、いまの私だから、と言ってあげます。受けいれるのです。


どんな自分でも許し、受けいれる、これが自分を好きになる、愛するための、いちばん大切なステップです。


それだけで、私たちはとても楽になります。

なぜかといえば、自分が嫌いなとき、私たちは自分自身に対して、厳しい態度で臨み、いつも批判的で自分の行動や態度を否定的に見ているからです。

どんなに情けない自分も、どんなにだめな自分も、どんなに嫌いな自分も、そのまま認め、受けいれてあげたとき、私たちはとても楽になります。

自分に対する批判や判断、否定的な態度がなくなって、温かくやさしいエネルギーを自分に向けはじめるからです。

そうすると、いつか自然に自分が嫌いだった理由もわかりはじめます。

私のように、誕生のときに理由がある人もいるかもしれません。

あるいは、子どもの頃に、お母さんにちょっと叱られたことが、いまでもしこりになっているのかもしれません。

他人から批判されたことが胸に刺さって、劣等感になっているのかもしれません。

いずれにしろ、自分に対して寛大になって人生に余裕が出てくると、自分自身がそれまでよりもよく見えてくるのです。

そして、自分自身について、気づきが深まるにつれて、私たちはそれまでの人生で形づくってきた思いこみや傷を、手放していきます。

それと共に、自分をもっともっと許せるようになり、認められるようになります。

そして、それは実際の生活にも変化をもたらしていきます。

人間関係も変わってきます。

人間関係とは、人と人の関係ですが、実はその基礎にあるのは、それぞれの自分自身との関係だからです。

自分を嫌いなときには、自分にとって嫌な人、好きになれない人をたくさん、引き寄せてしまいます。

それに、自分を認められないとき、受けいれられないときには、自分と少しでも同じような人は、やはり受けいれることも許すこともできません。

だから、人間関係はいつも難しくなってしまいます。

でも、自分を許しはじめると、受けいれはじめると、同じように他の人も認め、受けいれられるようになります。

人のよいところにも、前よりもよく気づくようになります。

自分のよいところがわかるようになったからです。

そして、あなたが自分を許しはじめたとき、あなたの雰囲気が変化します。

そして、その雰囲気に引かれて、新しい友達も現われてくるでしょう。

そうなったらしめたもの、もう、あなたは自分が好きになったのです。

それでも自分を許せないとき

自分自身をもう一度、みなおしてください。

「あれ、私って、なかなか素敵ではないの。だめなところもかわいいものね」

そんな気持ちになっているかもしれません。

すると、もっともっと自分が好きになってきて、自分を愛するようになるでしょう。

それでもまだ、ときどきは自分が嫌いになることもあるかもしれません。

それもまた、よいのです。

それはまだ、あなたが十分に自分を許していない、認めていない、好きでないところがあった、ということです。

そして、それをまた、許し、認めてあげればいいのです。

そのうち、どんな自分もすぐに受けいれることができるようになっていくでしょう。

自分を十分に認め、十分に許し、愛していれば、私たちはいつも基本的には幸せでいることができます。

外側でどんなことが起こっても、自分の一番の友達でいることができるからです。

そして、実は自分にあまりひどいことは引き寄せなくなっています。

自分を愛するとき、私たちは自分をいじめるようなことを自分に招《まね》き寄せはしないからです。

自分を愛することは、私たちにとって、すべての基本なのです。

「ここにいる自分」に感謝しよう

他の人に何かしてもらったとき、私たちは「ありがとう」と言いますね。感謝の気持ちを伝える言葉です。

人に何かしてもらったとき、感謝するのはとても素敵なことです。お互いの気持ちが溶《と》け合い、やさしい気持ちになりますね。

その気持ちをもっと広げましょう。

私たちが生きている、いまのように生活している、そのことにそのまま感謝するのです。

すべての物事に「ありがとう」を

私たちはつい、いまのように生きていられるのは、当然のことだと思っています。何も特別のことではない、むしろ、もっといい生活ができるはずなのに、この程度でしかない、などと思っているかもしれません。

でも、何事も私たちにとって当然であり、当たり前であるものはありません。すべては、ありがたいのです。

「ありがたい」という言葉を漢字で書くと、「在り難い」、または「有難い」と書きますね。まさに「有難い」とは、「このようなことはなかなかあることが難しい」、ということです。

難しいことは言わなくても、いま、ここにある自分に、ここに生きている自分に、生かされていることに、そして、自分を生かしているすべてに感謝すること、これは私たちが幸せに生きるためにとても大切なことです。

もちろん、いろいろ、もっと欲しいものも、不満なものもあると思います。

もっとお金も欲しい、やりがいのある仕事も欲しい、才能も欲しければ、もっと美しくなりたい。私たちの欲望はいっぱいあるでしょう。

それはそれとして、いまあるあなたに感謝しましょう。

そこから出発するのです。

いまに感謝して、そこから出発して自分の欲しいものに向かって努力しましょう。そして、まわりの人たちにもみんな感謝しましょう。

感謝できないときには、きっとそこに何かの理由があるでしょう。

そんなときには、感謝できない自分も許しましょう。

そうすると、なぜかほっとして、感謝できなくても、その人に対する思いが変わってくるかもしれません。

ありがとうと一日何回言うか、数えている人もいます。

それも面白いかもしれませんね。

感謝できるようになったとき、自分を好きになったときと同じことが起こります。

あなたの雰囲気が、エネルギーが変化して、まわりにいいことが起こりはじめるのです。

新しい素敵な友達もできるでしょう。そして、幸せがどんどんやってきます。

気持ちが落ちついて、平和になって物事が違って見えるようになるかもしれません。

感謝しようとしなくても、すべてにいつも感謝している状態になったとき、私たちは本当に平安を得ることができます。

そして、それはまわりの人に伝染《でんせん》していきます。

みんな、平和な気持ちになっていきます。

みんな、自分を大切にしはじめます。

こうして、私たちは平和で幸せな社会をつくっていくことができるのです。

エピローグ

さあ、顔をあげて

自分を好きになって、大切にするようになると、私たちの人生は変わります。

自分を肯定的に見ることは、私たちの人生を幸せにするために、もっとも大切なことなのです。

自分がだめな人間だと思って努力して、それで成功している人もいっぱいいます。

でも、そのようにして成功しても、自分は十分ではない、自分は実は価値がないのだ、と心のなかで思っていると、本当に幸せになることはできません。

そのような例はいっぱいあります。

いままでのあなたは、努力してもうまくいかなかったり、うまくいったものの、いろいろな不安や怖れを感じたり、もっと成功が必要だと、強迫観念《きょうはくかんねん》に襲われたりしていたかもしれません。

それは自分を十分に大切にしていなかったり、ありのままの自分では不足だ、自分には十分な価値がないと感じていたからかもしれません。

でも、いままでのあなたは、ただ、必要なことをしていただけ。

自分自身をもっと深く知るために、いろいろ苦労したり、傷ついたり、苦しんだりしていただけです。

どれもあなたにとっては、とても大切なプロセスだったのです。

そして、その一瞬一瞬が、あなたにとって、かけがえのない大切なとき、それしかない一瞬でした。

つらかったときも、苦しかったときも、あなたにとってはとても大切な体験であり、時間でした。それを大切にしてあげましょう。

人生に無駄なときも、無駄なこともありません。

あんなことがなければ、こうすればよかった、などと思っても、いままでにあなたが体験したこと、やってきたことに、実は何一つ、間違いはないのです。

あるようにあるべきように、あなたは進んできました。

それもすべて、もっと自分自身をよく知り、もっと幸せになるために。

そしていま、あなたは自分自身を大切にすることがいかに必要か、どれくらい大切か、気がつきました。

いま、新たな出発をするのです。

いままでとどこが違うかといえば、いままではそれと知らずに、自分を知ろうとし、自分を大切にしようと、いわば、あてずっぽうに努力してきたのですが、こんどはもっと意識的に、どの方向に努力すればいいかわかって、行動しはじめるというところだけです。

私たちはずっと、同じ方向に向かって歩んでいます。

いままでは、ときには先に進もうとして後ずさりしていることもありました。

いまは違います。さあ、見えてきた道をゆっくりと、一瞬一瞬を味わいながら、進みはじめてください。

自分のやりたいことを知っているのは自分だけ

そして、自分のやりたいことに向かって進みましょう。

あなたが何をしたいのか、それを知っているのはあなただけです。

いまはまだ、自分のしたいことがよくわからないかもしれません。

それでもいいのです。

あれかな、これかな、と、一つずつ、試していきましょう。

心を広くもち、宇宙が与えてくれるいろいろなサインに注意を向けて、自分が何をしたいのか、自分の本当の才能は何なのか、見つけだしましょう。

そして、もし、何をしたいのかわかっているのであれば、それに向かって、一歩を踏み出しましょう。

少なくとも、第一歩を踏み出すチャンスを探しましょう。

きっと、そのチャンスはあります。

あなたの気持ちとまわりの環境が一致したときです。